Stephanie Turzer

Die Malerin vom Jakobsweg

wandert

„Rund um die Schorfheide"

Schibri-Verlag

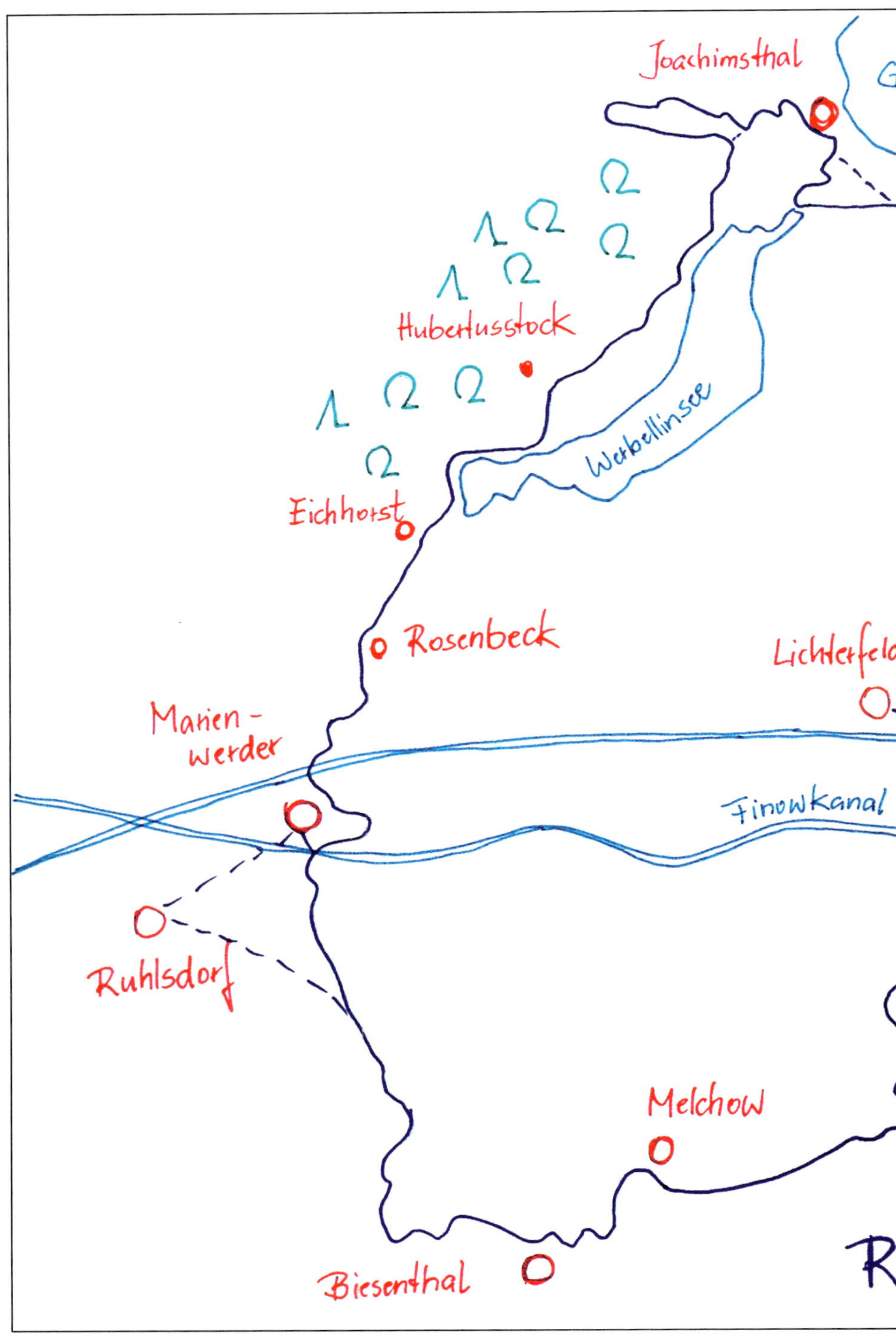
Joachimsthal
Hubertusstock
Werbellinsee
Eichhorst
Rosenbeck
Lichterfeld
Marien-
werder
Finowkanal
Ruhlsdorf
Melchow
Biesenthal

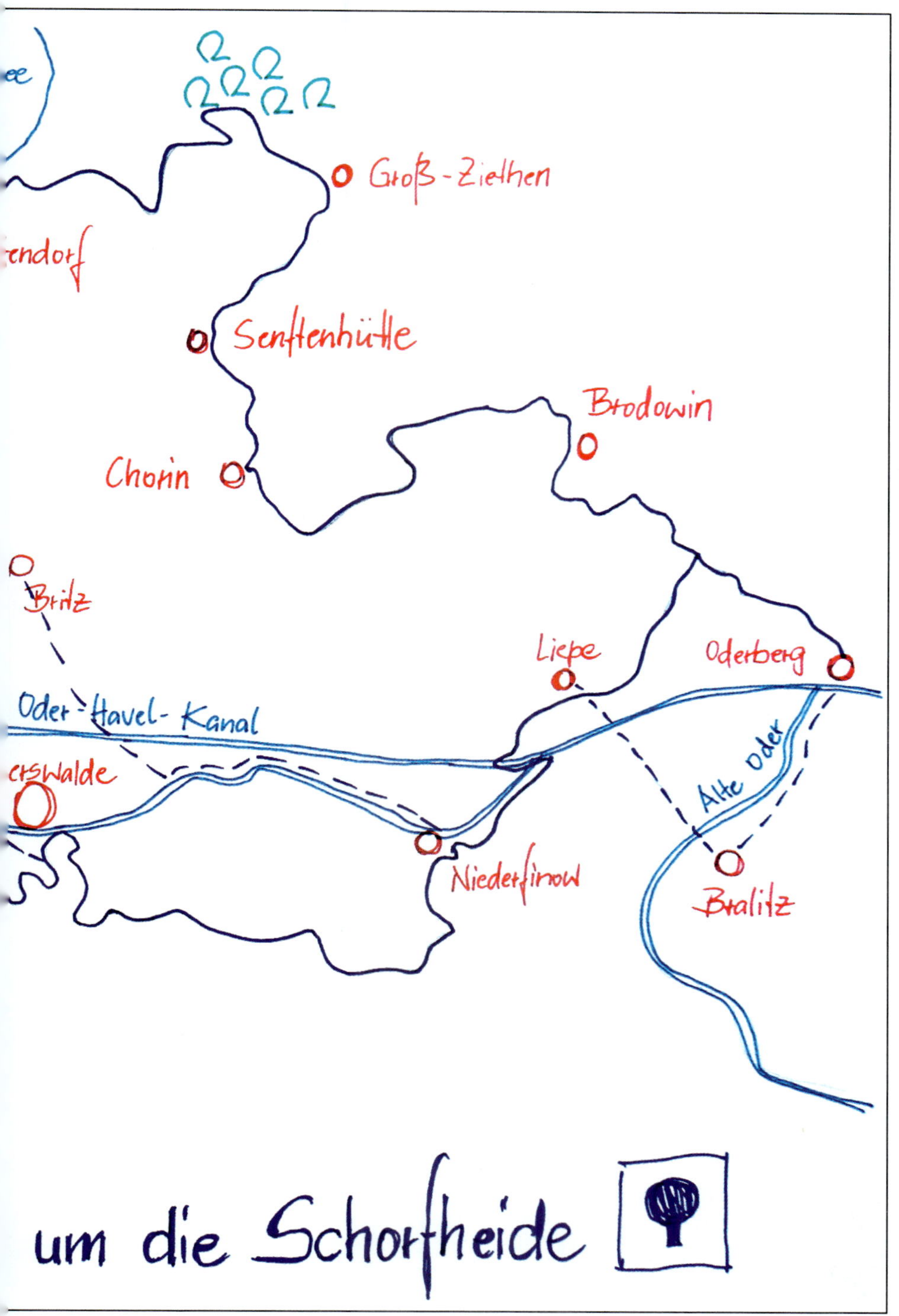
Groß-Ziethen
Senftenhütte
Brodowin
Chorin
Britz
Liepe
Oderberg
Oder-Havel-Kanal
Alte Oder
Niederfinow
Bralitz
um die Schorfheide

Satz und Layout: Nicole Helms
Cover: Nicole Helms unter Verwendung der Zeichnungen
von Stephanie Turzer
Zeichnungen und Skizzen: Stephanie Turzer

Mail: info@schibri.de
Homepage: www.schibri.de

Printed in Germany

ISBN: 978-3-86863-265-1

INHALTSVERZEICHNIS

Montag, den 11.04.2022

Tag 1

LICHTERFELDE – MELCHOW

21 km

Bei unseren zahlreichen Wanderungen in der näheren Umgebung ist uns in letzter Zeit eine neue Wandermarkierung immer mal wieder ins Auge gestochen – ein blauer Baum auf weißem Grund. Es ist ein Rundwanderweg um bzw. durch die SCHORFHEIDE, inzwischen auch in den Medien und auf der Wahlliste der Premiumwanderwege 2022.

Bevor wir unsere Stimme abgeben, wollen wir den 135 Kilometer langen Rundkurs testen. Meine bessere Hälfte überlegt nicht lange. Das machen wir in den Osterferien, sagt er. Buch schon mal die Quartiere. Es könnte ja alles mit Ukrainern belegt sein. In der Tat war die Buchung ein echtes Problem, aber das auch nur, weil ich die ganz langen Etappen noch mal teilen wollte und viele Pensionen für eine Nacht nicht vermieten. Als ich drei Übernachtungen fest hatte, sind wir erstmal losmarschiert. Der Rest würde sich finden.

Eigentlich wollten wir um 9.27 Uhr mit dem Bus nach EBERSWALDE reinfahren, wo die Tour offiziell beginnt. Als wir dann an der Haltestelle stehen, entscheiden wir uns um und laufen einfach los. Und das ist gut so. Uns überholt auch kein Bus. Irgendwas müssen wir im Fahrplan übersehen haben.

Das Wetter ist perfekt. Die Sonne scheint. Die Temperaturen sind noch recht frisch. So läuft es sich gut. Nach sechs Kilometern und etwas über einer Stunde sind wir schon am Tierpark. Das uns zur Genüge bekannte Stadtzentrum haben wir heute ausgelassen.

Über die HERTHAQUELLE erreichen wir das NONNENFLIEß. Am HERTHATEICH sitzt auf einem umgefallenen Baum ein junger Mann Tee trinkend. Er genießt die absolute Wildnis hier an diesem herrlichen Frühlingstag und freut sich darüber, wie man hier den Biber gewähren lässt. Sascha Uebner war vor 20 Jahren Student in EBERSWALDE, kommt heute ab und zu als Dozent an die Fachhochschule. Dann macht er immer einen Abstecher hierher ins SCHWÄRZETAL. Es hätte sich hier sehr verändert, zum Guten, meint er. Der Biber hat riesige Staudämme errichtet. Bäume liegen kreuz und quer. Der letzte Sturm hat sein Übriges zu dieser Wildnis beigetragen. Manche Hindernisse in Richtung SPECHTHAUSEN sind kaum zu überwinden.

Weiter geht es durch das NONNENFLIEß der mäandernden SCHWÄRZE folgend bis zum LIESENKRÜZ, wo wir eine kurze Rast einlegen. Hier male ich ein erstes Bild. Das Erste fällt immer besonders schwer.

In SCHÖNHOLZ erfahren wir von einer Nachbarin, dass der alte Herr Sempf, der Gastwirt von SEMPF`S GASTHAUS, vor ein paar Wochen gestorben ist. Hier kann man also auch nicht mehr einkehren.

Unter der nun dreifachen Hochspannungsleitung hindurch und weiter durch einen Wald mit gutem Heidelbeerbestand, das muss ich mir merken, sind es nur noch wenige Kilometer bis nach MELCHOW, ein Dorf mit knapp 1000 Einwohnern, in dem wir übernachten wollen. Endziel der Etappe wäre BIESENTHAL gewesen. Aber ich denke mal, dass 21 Kilometer für den Anfang genügen. Vorbei an alten Bauernhäusern und der Kirche mit einem interessanten Turm aus rostigem Stahl gelangen wir zur stark befahrenen Hauptstraße, der B2.

Im SNACK INN meiner Namensvetterin Steffi in dieser sehr belebten Straße kann man sich kulinarisch versorgen. Gegen 16 Uhr treffen wir dort ein, trinken einen großen Kaffee und nehmen auch gleich ein kleines Abendbrot ein, ich Boulette mit Kartoffelsalat, Bernd Boulette mit Brot. Während wir da sitzen, herrscht reges Kommen und Gehen. Die meisten Leute bringen Pakete zurück. Ein paar lebensnotwendige Dinge kann man auch kaufen. Für den Abend nehmen wir noch eine Flasche Wein mit.

Kurz vor dem stark frequentierten Bahnübergang finden wir dann auch unser Nachtquartier, die Begegnungsstätte „Lindengarten“. Tatsächlich parken zwei ukrainische Autos davor. Ein paar Familien hat man hier einquartiert. Da hatten wir ja Glück, dass wir noch ein Zimmer bekommen haben. Beim Bürgermeister persönlich habe ich das gebucht.

Am Abend drehen wir noch eine kleine Runde zum NATURPARKBAHNHOF, gucken was so los ist und wo es morgen weiter geht, und einmal ums Caré an wunderschönen Gartengrundstücken mit erstem Blütenzauber entlang.

Dienstag, den 12.04.2022

Tag 2

MELCHOW – RUHLSDORF

17,2 km

Im Haus ist schon beizeiten mächtige Bewegung. Ein junger Ukrainer zeigt mir die Küche, wo seine Mutter mehrere Thermoskannen mit heißen Getränken und Berge von geschmierten Broten einpackt. Ob die wieder nach Hause fahren wollen? Man traut sich gar nicht zu fragen.

Ich koche Tee für unterwegs. Danach machen wir uns auf den Weg zum Bäcker, Bäckerei Haupt unten an der Kreuzung. Der SNACK INN öffnet erst um 9 Uhr. Das ist ja noch anderthalb Stunden hin. Da wollen wir über alle Berge sein.

Leider gibt es nur Kaffee zum Mitnehmen, dazu ein trockenes Brötchen, für mein Leckermäulchen noch eine Kokosecke. In der Küche der Begegnungsstätte lassen wir uns das Frühstück schmecken, während eine andere ukrainische Familie Rührei vorbereitet. Der kleine Sohn, vielleicht zwei Jahre alt, wird von seiner Mutter auf einen Stuhl gestellt und darf nun mit ihrer Hilfe die Eier aufschlagen. Der wird bestimmt mal Koch.

Gegen 9 Uhr starten wir gen Bahnübergang, lassen noch einen Zug durchrauschen. Die wenigsten halten hier. Hinter der Bahn geht es links in den Wald hinein, zunächst ein Stück parallel zu den Gleisen. Dann schwenken wir nach rechts wiederum durch blaubeerreiche Gegenden, wie gestern schon zwischen SCHÖNHOLZ und MELCHOW. Das müssen wir uns gut merken schon für den Herbst.

Als wir die HASENHEIDE, die große Freifläche vor Biesenthal überqueren, ist mir die Fleecejacke schon fast zu warm. Die Regenjacke habe ich schon gleich weggelassen, obwohl die Wiese heute früh frostig aussah. Inzwischen meint es die Sonne gut mit uns. Wir erfreuen uns an blühendem Huflattich und lila Blumen, deren Namen wir noch erkunden müssen. Und dann gibt es noch ein Naturschauspiel. Während ich Bernd gerade was von boxenden Hasen erzähle, die ich mal auf einer Pilgerreise ebenfalls in der Karwoche an so einem schönen Tag wie heute gesehen habe, stockt mir fast der Atem. Ungefähr 60 oder 70 Meter vor uns kommen aus einer Hecke mehrere Tiere gesprungen. Ist das jetzt der Moment, in dem ich das erste Wolfsrudel meines Lebens life entdecke? Es sind dann aber doch nur vier große Hunde. Herrchen und Frauchen tauchen auch gleich auf und pfeifen die Rasselbande zu sich ran. Die beiden finden das echt lustig.

Die letzten Meter bis in den Ort müssen wir dann doch Straße laufen, immerhin die stark befahrene Bundesstraße 2. Laut Wanderführer muss man gar nicht rein nach BIESENTHAL, wenn man nicht gerade dort übernachtet. Ich möchte aber heute unbedingt das Rathaus malen. Es ist das schönste Gebäude der Stadt.

Auch sonst ist die 6000 Einwohner zählende Ackerbürgerstadt ganz neckisch und lohnt unbedingt einen Abstecher. Ursprünglich als Askanierburg gegründet, stammt die erste urkundliche Erwähnung aus dem Jahre 1258. Schon 1315 erhielt die Ansiedlung das Stadtrecht und durfte Märkte abhalten.

Auf dem Markt befindet sich dann auch das schöne Rathaus, ein Fachwerkbau aus den Jahren 1762 bis 1768, entstanden nach einem der vielen Stadtbrände. Mit seinem quadratischen Grundriss strahlt es eine gewisse Gemütlichkeit aus. Es ist vom Baustil typisch für diese ländliche Gegend und ähnelt den Rathäusern von TEMPLIN und ANGERMÜNDE.

Ich suche mir einen Platz zum Malen, so dass im Vordergrund des Bildes die Eiche steht. Den besten Blick hat man aus der Bushaltestelle heraus. Zwar leicht verdreht mit Schulterblick, aber es geht. Eine Weile leistet mir ein Herr Gesellschaft, der früher auch mal gemalt hat und fragt, ob er mir zuschauen darf. Damit habe ich natürlich kein Problem. Ich ermuntere ihn, es auch wieder zu üben, bis sein Bus fährt.

Mein Rathaus ist dann etwas schmalbrüstig geworden. Aber die Eiche reißt alles raus. Das liegt aber nicht daran, dass ich gestern einen von meinen guten Pinseln verloren habe. Der muss nun in MELCHOW vor der Begegnungsstätte liegen, wahrscheinlich vor der Streusandkiste, auf der ich beim Malen gesessen habe. Nun muss ich eben mit dem dünnen zusammensteckbaren Pinsel klarkommen.

Bernd erkundet wie immer in der Zwischenzeit die Gegend und lotst mich im Anschluss ein paar Meter weiter zur Bäckerei Franke mit integriertem „Schlosscafé“, wo wir ein zünftiges zweites Frühstück einnehmen, absolut empfehlenswert. Genau hier habe ich schon während meiner Pilgerreise durch BRANDENBURG gefrühstückt. Ich esse ein großes Baguette mit viel Käse. Der Kaffee bringt die Wärme zurück in meinen Körper.

Genau hier an der Bäckerei biegen wir in die WEHRMÜHLENSTRASSE, kommen am Aussichtsturm, dem KAISER-FRIEDRICH-TURM auf dem SCHLOSSBERG vorbei, wo einst die Burg der Askanier stand, mit Hängebrücke zwischen zwei Bergen. Wie es ausgesehen haben könnte, ist einer Schautafel zu entnehmen. Schwer vorstellbar, dass hier so gewaltige Burgen standen. Das müssen wir bei Gelegenheit mal genauer erkunden.

Ein Kilometer weiter nördlich an der WEHRMÜHLE am Flüsschen FINOW stoßen wir wieder auf unseren Wanderweg. Zur Zeit der Burgherren auf dem SCHLOSSBERG diente die WEHRMÜHLE als Schutzschild für die Burganlagen. Im Ernstfall konnte man das Wasser der FINOW so anstauen, dass nur noch die Burg aus den Fluten herausschaute. Wahrscheinlich ist dieser Fall nie eingetreten. Es kam zu keinen nennenswerten militärischen Auseinandersetzungen.

Die heute noch erhaltene Stuckfassade gehört zum ehemaligen Verwaltungsgebäude, das der jüdische Unternehmer Mühsam 1907 zu einer Villa umbaute. Bis 1974 wurde hier Getreide gemahlen. Heute finden hier Kunstausstellungen und andere öffentliche Veranstaltungen statt.

Dem Flüsschen FINOW folgen wir gen Norden durch eine wilde Naturlandschaft. Auf dem weichen Sandboden läuft es sich tatsächlich sehr gut. In der Beschreibung ist von KARIBIK-Feeling die Rede. Nur die Palmen werden durch knorrige Kiefern ersetzt, die sich zu Baumgruppen versammeln, an denen sich der Wanderweg entlangschlängelt.

Der Gegensatz kann nicht krasser sein. Als wir das Naturschutzgebiet verlassen, auf Asphalt und Schotter wandeln, schmerzen doch langsam die Füße. Wir überqueren die Autobahn A11. Es ist mir noch nie so sehr aufgefallen wie heute, wie es dort nach Abgasen stinkt, obwohl der Verkehr vergleichsweise moderat ist.

Dann müssen wir wieder vom Weg abweichen, abbiegen nach RUHLSDORF. In MARIENWERDER, wo ich gerne übernachten wollte, weil wir nicht 27 Kilometer laufen wollten, war absolut kein Quartier zu bekommen.

So kommen wir am Forsthaus EISERBUDE vorbei. Eine Bank lädt zum Verweilen ein. Und ich muss auch unbedingt mal aus den Schuhen. Ich erfreue mich gerade an der Wildpflaume, die in voller Pracht ihre rosa Blüten präsentiert, als Frau Adam vom Ferienpark DORADO anruft, ob wir denn kommen und wann mit uns zu rechnen ist. Ich gebe ihr den Standort durch. Ich kann ja nicht ahnen, dass sie mit ihrem Hündchen nach Hause will. Ich male in aller Ruhe noch ein Bild vom Forsthaus und dem blühenden Baum.

Auf dem letzten Stück des Weges kommen wir an verschiedenen Seen vorbei. Um 16 Uhr stehen wir dann vor dem Feriendorf DORADO, direkt am RUHLESEE gelegen. Während wir etwas ungläubig auf die blau-gelbe Bemalung der DDR-Bauten schauen, ruft

Frau Adam wieder an. Die ganze Anlage hat ein wenig Jugendherbergscharakter, Hotelpreise mit Ferienlagercharme. Frau Adam spendiert gegen Aufpreis Bettwäsche und Handtücher.

Bevor es Abendbrot in der Kantine gibt, gehen wir eine Runde spazieren. Wir beobachten auf dem benachbarten Areal, dem Wassersport- und Freizeitcamp, die Wasserskiakrobaten, die auf dem See mittels Seillift immer im Kreis über das Wasser gezogen werden. Hier war ich schon mal. Ich erinnere mich an den Geburtstag einer Kollegin kurz nach der Wende. Sie hatte die Anlage für ihre Gäste gemietet. Wir sollten uns auf die Skier stellen, im richtigen Augenblick mit der entsprechenden Körperspannung auf die Wasseroberfläche springen und elegant unsere Kreise drehen. Nach drei Bauchklatschern habe ich aufgegeben. Den anderen Gästen erging es ähnlich.

Während ich Bernd diese Geschichte erzähle, laufen wir auf einem schmalen Pfad zwischen den zwei Seen entlang und passieren die Startrampe. Hier sind heute nur Profis am Start. Weiter vorne ist hier in den letzten Jahren ein richtiges Wasserskicenter mit Restaurant entstanden, ein moderner Bau, einem Schiff nachempfunden. Hier teilen wir uns ein Bier und schauen von der Terrasse aus dem bunten Treiben zu.

Um 18 Uhr gehen wir zum Abendbrot, bevor die Kindergruppen kommen. Das warme Essen ist noch nicht fertig. Also begnügen wir uns mit einer Brotzeit. Der Abend ist ruhig mangels Fernseher. Das gibt mir Zeit zum Schreiben.

Mittwoch, den 13.04.2022

Tag 3

RUHLSDORF – HUBERTUSSTOCK

21 km

Bernd ist nach dem Abendbrot ins Bett gestiegen und sofort eingeschlafen. Ich beneide ihn um diese Gabe. Irgendwann habe ich dann aufgehört zu schreiben und habe ihm nachgeeifert. Weil mir kalt war, habe ich die dicke Fleecejacke gleich anbehalten. Trotzdem habe ich in der Nacht gefroren unter der dünnen Decke. Für den stolzen Preis hätte man ja noch eine zusätzliche Decke spendieren können. Die gibt es in fast jeder Pilgerherberge. Überhaupt ist das Zimmer sehr spartanisch, Ferienlager eben – keine Bettlampe, kein Zahnputzbecher, Handtuchhaken auf Kinderhöhe. Gut, dass wir nur eine Nacht hier sind. Aber genau deshalb müssen wir auch 50% Aufschlag zahlen, werden wir von Frau Adam aufgeklärt.

Um 9.30 Uhr verlassen wir das 500 Einwohner zählende RUHLSDORF, ohne im Zentrum des Ortes gewesen zu sein. Durch eine weitere Naherholungsanlage und an mehreren Kiesseen vorbei erreichen wir MARIENWERDER, den Hauptort der Gemeinde.

Ich dachte, wir treffen hier gleich wieder auf unseren Wanderweg. Doch da müssen wir erst zur GRÄFENBRÜCKER SCHLEUSE. Es ist nicht vorgesehen, das Zentrum des Ortes zu erkunden. Da ich mir in den Kopf gesetzt hatte, hier ein Bild zu malen, drehen wir eine Runde um die Kirche. MARIENWERDER ist nämlich ganz neckisch. Am schönsten ist der Brunnen mit dem sonnenbebrillten Neptun in unmittelbarer Nähe zum Gotteshaus. Der Ort ist geprägt durch seine Lage zwischen den Kanälen, dem FINOW-KANAL im Süden und dem ODER-HAVEL-KANAL im Norden. Und genau hier trifft auch noch der WERBELLINKANAL auf den ODER-HAVEL-KANAL. Bernd ist ganz verwirrt ob des vielen Wassers, als er von seinem Erkundungsgang zurückkommt.

Ich bin mir nun doch nicht ganz sicher, ob ich die Kirche male. Das Boot auf dem Spielplatz wäre entfernungs- und sonnentechnisch die perfekte Sitzgelegenheit für mich. Ich bin total erschrocken, wie schwer es mir fällt, da rauf zu klettern. Ich bin eben doch alt. So gut kann man hier oben dann doch nicht sitzen. Am Ende verwerfe ich die Idee, steige wieder ab, stelle mich einfach hin mit dem Buch in der Hand und zeichne. Ich beginne mit dem Baum im Vordergrund, dann der Chor, Kirchenschiff usw. Mist, der Turm passt nicht drauf. Schlecht kalkuliert!

Bernd ist in der Zwischenzeit Richtung ODER-HAVEL-KANAL unterwegs. Er inspiziert die Marina, den Yachthafen von MARIENWERDER. Von mir will er wissen, an welchem Kanal er denn nun gewesen ist. Ganz genau kann ich es gar nicht sagen. Es ist in letzter Zeit dort viel gebaut worden. Spätestens im Sommer, wenn wir zum INSELLEUCHTEN fahren, können wir uns das nochmal angucken. Jetzt sollten wir endlich weiter. Es ist schon Mittagszeit. Eis hat der arme Bernd auch nicht bekommen. Die Eisdiele hat um 11 Uhr zu gemacht.

Wir wandern jetzt auf dem TREIDELWEG zur GRAFENBRÜCKER SCHLEUSE und fallen direkt beim Schleusenwirt in den Biergarten. Herr Kaeferstein versorgt uns mit Bier und Erdbeerbowle, coolen Sprüchen und einer Schimpfkanonade auf Behördenwillkür besonders das Wasser- und Schifffahrtsamt betreffend. Er erzählt von archäologischen Ausgrabungen an der GRAFENBRÜCKER SCHLEUSE in unmittelbarer Nachbarschaft und von den bevorstehenden Bauarbeiten an allen 13 Schleusen, dass dort Millionen versenkt werden sollen, was seiner Meinung nach nicht nötig ist. Während der Bauphase ruht natürlich der gesamte Schiffsverkehr. Wo doch gerade erst viele Sportbootfahrer dieses Kleinod für sich entdeckt haben, könnte es passieren, dass es wieder in einen Dornröschenschlaf fällt. Ist das das Ende des FINOWKANALS, das Ende der ältesten künstlichen Wasserstraße DEUTSCHLANDS? Könnte man nicht an allen Schleusen gleichzeitig bauen und damit die Bauzeit verkürzen? Ich weiß es nicht.

Dann werden wir noch eingeladen zu einem Konzert am Sonntag in anderthalb Wochen an gleicher Stelle.

Nach der Bowle bin ich high. So torkeln wir leicht beschwingt weiter durch den Wald, überqueren den ODER-HAVEL-KANAL an der großen Wassertorbrücke. Dort stoßen wir auf die Bundesstraße B 167, die von EBERSWALDE nach NEURUPPIN führt.

Auf der anderen Straßenseite geht es gleich wieder in den Wald hinein, und zwar rechts vom WERBELLINKANAL. Ich staune nicht schlecht, dass wir direkt an der Leitplanke rechts herum um den PECHTEICH laufen. Den Weg kannte ich bisher nicht. Wir sind begeistert. Bernd wäre fast auf ein Krötenpaar getreten, das gerade mit der Paarung beschäftigt ist. Er entdeckt dann noch mehr Kröten, die er alle im Bild festhalten will und gar nicht mehr von der Stelle kommt. Mir geht es ähnlich mit den Buschwindröschen. Die blühen heute schöner denn je. Das ist aber auch ein Wetterchen. Wir legen eine Jacke nach der anderen ab, während wir nun doch etwas schneller ROSENBECK zustreben. Dort hoffen wir auf Gulasch und böhmische Knödel. Das Restaurant „Die kleine MOLDAU“ hat aber noch geschlossen. Wir sollen Ostern wiederkommen. Die Chefin reicht uns wenigstens zwei Flaschen tchechisches Osterbier über den Gartenzaun. Damit setzen wir uns an die Schleuse, schauen über den ROSENBECKER SEE, der fast still da liegt. Ab und zu kräuselt der Wind die Oberfläche. Das animiert mich zu einem zweiten Bild. Bernd versorgt mich nebenbei mit Leberwurst auf Knäckebrot. So lässt es sich aushalten. Doch wir haben immernoch etliche Kilometer vor uns. Es ist schon Viertelfünf.

Am rechten Ufer des WERBELLINKANALS laufen wir nach EICHHORST, benannt nach der 800-jährigen Eiche, die noch immer standhaft in des Ortes Mitte steht, obwohl man beim Bau des WERBELLINKANALS den Stamm zur Hälfte im Erdreich verbuddelt hat. Ganz in der Nähe gibt es auch endlich ein Eis für uns.

Eis schleckend geht es weiter am WERBELLINKANAL. Im Plan ist der landschaftlich schönere Weg am rechten Ufer vorgesehen. Weil es schon spät ist, nehmen wir das linke Ufer, den etwas stärker frequentierten Fahrradweg, auf dem es heute Abend ruhig zugeht.

An der Südspitze des WERBELLINSEES, wo einst eine stolze Askanierburg stand und seit 1879 ein 12 Meter hoher Turm, der ASKANIERTURM, an deren Existenz erinnert, rufe ich erstmal im Hotel an, dass wir uns verspäten werden. Nicht, dass wir am Ende im Wald schlafen müssen. Wir sollen ruhig langsam machen, sagt die Frau am anderen Ende. Die Rezeption wäre rund um die Uhr besetzt.

Das letzte Stück Weg führt am westlichen Ufer des WERBELLINSEES entlang, der schönste See der Region, wenn man mich fragt. Das Wasser ist so klar, dass man am liebsten reinspringen möchte. Da würden meine Füße zischen. Nun werden es doch wieder mehr als 20 Kilometer. Am Ende werden die Beine schwer. Eigentlich sind wir erst auf diesem Stück Weg in der SCHORFHEIDE angekommen. Denn nur der große Wald westlich des WERBELLINSEES trägt ursprünglich diese Bezeichnung, in aller Munde als Jagdrevier der jeweils Herrschenden von den Askaniern und Hohenzollern bis hin zu Nationalsozialisten und DDR-Führung. Wir befinden uns also auf geschichtsträchtigem Gelände.

Fast laufen wir vorbei an der Einflugschneise zum RINGHOTEL, ein sehr modernes Seminar- und Tagungshaus in der Nähe des altehrwürdigen Jagdschlosses HUBERTUSSTOCK. Warum man hier mitten im Wald so ein gigantisches Haus hinsetzt, erschließt sich mir nicht. Auch heute sind nur wenige Gäste da. Im Restaurant beim Abendbrot sitzen wir zu fünft – ein Pärchen mit Hund, der so artig unterm Tisch liegt, dass ich ihn erst sehe, als sie gehen. Dafür ist der Mann nicht zu überhören. Mit steigendem Alkoholpegel wird er immer lauter. Dann sitzt da noch die junge Frau mit dem Silberblick, die hier mitten im Wald alleine Urlaub macht. Sie findet BRANDENBURG so schön, viel schöner als hier Heimatland SACHSEN. Und ich wollte sie schon bei den Azubis einordnen, als sie auf dem Weg hierher hinter uns mit Kapuze und Hände in den Taschen aufkreuzte, fast ein wenig furchterregend im schwindenden Licht des Tages. Gut, dass ich es nicht laut gesagt habe.

Donnerstag, den 14.04.2022

Tag 4

HUBERTUSSTOCK – JOACHIMSTHAL

15,1 km

Heute kommt eine Front aus Nordwesten. Wir sollen noch trocken durchkommen, verspricht die Wetterprognose im Morgenmagazin. Es ist zwar schon ein wenig bewölkt, daher nicht so kalt wie an den vorhergegangenen Tagen. So möchte ich nach einem reichhaltigen Frühstück, sogar extra für uns mit Rührei, noch hier vor Ort künstlerisch tätig werden.

Zum Frühstück wird auch ein Faltblatt mit Tagungszentrumnews vom 14. April 2022 serviert vor allem mit Nachrichten aus der Wirtschaft und vom Sport. Beim Wetter sind die voraussichtlichen Niederschlagsmengen mit 0,0 Liter pro Quadratmeter prognostiziert. Wir werden später eines Besseren belehrt. Am besten gefällt mir der Spruch des Tages. Total passend für uns heißt es dort: „Manchmal kann man nicht machen, außer weiter."

Gleich um die Ecke befindet sich das altehrwürdige Jagdschloss HUBERTUSSTOCK. Das will ich malen, bevor wir weiterziehen. Eigentlich ist es gar kein richtiges Schloss. Das Haus diente den deutschen Staatsoberhäuptern in der Zeit des DEUTSCHEN KAISERREICHES und der WEIMARER REPUBLIK als offizielle Jagdresidenz. Erbauen ließ es der preußische König Friedrich Wilhelm IV. von 1847 bis 1849 im Stil eines bayrischen Landhauses. So sieht es auch heute noch aus, obwohl es inzwischen ein Nachbau auf den alten Grundmauern ist. Zu DDR-Zeiten diente es als Gästehaus der Regierung. Hier fanden auch zahlreiche Treffen mit ausländischen Politikern statt, so zum Beispiel 1981 mit dem Bundeskanzler Helmut Schmidt.

Nach der Wende gab es mehrere Besitzerwechsel. Es ist ruhig geworden um dieses Haus. Nach neustem Stand gehört es jetzt wohl zum RINGHOTEL.

Heute sind zwei Männer damit beschäftigt, Holz hin und herzutragen. Ich frage sie, ob der Kamin angeheizt werden soll und ob es eine Möglichkeit gibt, mal hineinzugucken. Man lässt uns wissen, dass man eine Führung bekommen könnte. Das sollten wir unbedingt mal machen.

Nachdem mein Bild fertig ist, schnüren wir unser Ränzchen und verlassen den historischen Ort gegen 11 Uhr.

Auf dem KALKBRENNERWEG schlagen wir uns in gebührendem Abstand vom WERBELLINSEE und der sich am Ufer entlangschlängelnden Küstenstraße, sehr beliebt bei Motorradfahrern, durch die eigentliche SCHORFHEIDE. Es wird empfohlen, die STOLPE-KIEFER zu besichtigen, über die der einstige brandenburgische Ministerpräsident Manfred Stolpe die Baumpatenschaft übernommen hat. Wie viele andere Baumriesen liegt auch sie am Boden. Der letzte Sturm hat ganze Arbeit geleistet, so dass wir auch hier an manchen Stellen kaum durchkommen. Vor allem hat es die Nadelbäume erwischt. Die Laubbäume boten noch nicht so viel Angriffsfläche, da noch unbelaubt.

Bei der Holzablage MIECHEN, heute Badewiese, stoßen wir wieder auf den See. Natürlich ist heute nichts los hier. Nach kurzer Rast geht es auf dem Radweg weiter, der sich bald wieder vom See entfernt und die MÖRDERBERGE erklimmt.

Fängt das nun doch an zu regnen? Als es immer feuchter wird, packe ich mein Regencape aus, damit der Rucksack nicht nass wird. Bernd greift zum Regenschirm. Unter diesen Umständen streichen wir hier am Waldrand die Runde um den SCHULSEE aus dem Programm. Das holen wir später nach, was inzwischen geschehen ist. Am 26. Dezember erfolgte der erste Angriff auf den Weihnachtsspeck auf der knapp 7 km langen Runde vorwiegend durch Waldgebiet. Auf zahlreichen Anschauungstafeln wird hier viel Wissenswertes über die Jagd, Waldwirtschaft, Harzgewinnung usw. vermittelt.

Über die SCHÖNEBECKER STRASSE nähern wir uns JOACHIMSTHAL. Knorrige Apfelbäume säumen den Straßenrand. Hier wachsen alte Apfelsorten wie „Kaiser Wilhelm“, „Grüner Winterstettiner“ oder „Wintergoldparmäne“. Man hat Infotafeln mit Bildern und genauer Beschreibung der Sorten aufgestellt.

Im Zentrum des nach Kurfürst Joachim benannten Städtchens lockt uns ein Schild in das Haus in der SCHULSTR. 2, in die „Bewirtung 1880“. Wir sind inzwischen nass wie die Katzen. Da kommt uns etwas Warmes sehr gelegen. Seit 16 Jahren wäre das hier eine Gaststätte, erklärt uns die Chefin. Da muss ich bis jetzt mit Scheuklappen durch den Ort gelaufen sein. Ein Kännchen Kaffee und ein Stück Käsekuchen kommt genau zur rechten Zeit. Bis zur Zugabfahrt ist noch reichlich Zeit. Stündlich fährt ein Triebwagen der Niederbarnimer Eisenbahn nach EBERSWALDE. Wir unterbrechen unsere Wanderung hier für die Osterfeierlichkeiten mit der Familie und die Teilnahme am Ostermarsch in BERLIN. Wir wollen den Kriegstreibern Einhalt gebieten. Das ist wichtiger denn je, wenn man sieht, was in der UKRAINE passiert und die ganze Welt unweigerlich mit hineingezogen wird.

Schnellen Schrittes, weil frisch gestärkt, laufen wir durch die GLOCKENGASSE bei meinem Zahnarzt vorbei, die Hauptstraße entlang bis zum Kreisverkehr und dann den PARADIESWEG entlang bis zum KAISERBAHNHOF, am südlichen Rand der Kleinstadt. Vor allem Kaiser Wilhelm II. nutzte diesen Bahnhof, um von hier weiter nach HUBERTUSSTOCK zu reisen und der Jagd zu frönen. Vom kaiserlichen Salonwagen stieg man hier in eine Kutsche um. Immer wenn der Kaiser anreiste, hatten die Schulkinder der Stadt schulfrei, um ihm zuzujubeln.

Wir schaffen den Zug um 15.25 Uhr, sind dann auch schnell in EBERSWALDE. Etwas länger dauert die Busfahrt nach LICHTERFELDE. Man hätte ja auch wieder laufen können, aber nicht bei dem Wetter. Außerdem müssen wir noch einkaufen, uns auf die Osterfeiertage vorbereiten.

Dienstag, den 19.04.2022

Tag 5

JOACHIMSTHAL – GROSS ZIETHEN

20,3 km

Nach gelungenem Osterwochenende treten wir heute den zweiten Teil der Osterwanderung an. Ostermarsch in BERLIN und Osterwanderung mit der Familie wurden erfolgreich absolviert, wobei ich mir für die Protestveranstaltung für den Frieden und gegen Waffenlieferungen in die UKRAINE doch mehr Beteiligung gewünscht hätte.

Wir möchten heute am KAISERBAHNHOF ansetzen, wo wir am Donnerstag letzter Woche aufgehört haben.

Den Wecker stelle ich auf 6 Uhr, bin aber schon lange vorher wach. Immer wieder dusel ich kurz ein und und träume jedesmal, der Wecker hätte schon geklingelt. Das ist total zermürbend. Dabei müssen wir uns gar keinen Stress machen. Wir wollen ja nicht auf Weltreise gehen. Und den Zug um 8.22 werden wir ja wohl schaffen.

Am Ende wird es doch total knapp. Wir fahren mit meinem Auto zum Bahnhof nach BRITZ in der Hoffnung, dass es am Samstag noch da steht. Dort gibt es im Gegensatz zu EBERSWALDE um die Uhrzeit noch Parkplätze. Just in dem Moment als ich das Auto zuschließe, geht doch tatsächlich schon die Schranke runter, bestimmt drei oder vier Minuten vor Zugankunft. Dummerweise stehen wir auf der falschen Seite. Es hilft nichts, wir müssen da rüber. Ich renne vorneweg und Bernd hinterher über den Bahnübergang, wo auch schon die ersten Autos anhalten. Es ist nicht zum Nachmachen empfohlen. Unmöglich, diese alten Leute. Ein paar Tage später lese ich in der Zeitung, dass eine Frau bei so einer Aktion ums Leben gekommen ist. Da hätten wir doch um ein Haar unseren Zug verpasst. Der nächste wäre erst in zwei Stunden gefahren.

Beim Schaffner kaufe ich zwei Fahrkarten für je drei Euro. Dann spricht mich der einzige Fahrgast an. Er hätte mich an der Stimme erkannt. Hätte er nichts gesagt, hätte ich unseren ehemaligen Nachbarn aus dem HAUS am SEE in ALTENHOF gar nicht wiedererkannt, inzwischen rank und schlank. Er hat gerade sein Auto zur Durchsicht geschafft. Wenn er es heute Nachmittag wiederholt, will er noch seine Frau im Krankenhaus besuchen. Vor lauter Quatschen sehe ich uns im Moment am KAISERBAHNHOF vorbeirollen. Wie geht das denn? Ja, da hätte ich vorher auf den Knopf drücken müssen. Wie im Bus muss man dem Fahrer seinen Haltewunsch anzeigen.

Nun bleibt uns gar nichts anderes übrig, als am Hauptbahnhof im Zentrum auszusteigen. Da wartet schon die Ferkeltaxe für die

Gegenrichtung. Da steigen wir aber jetzt nicht ein, nein? Das bringt uns zwei zusätzliche Kilometer. Wir laufen vor zur Hauptstraße, diese dann bis zum Kreisverkehr und wieder den PARADIESWEG zum KAISERBAHNHOF, diesmal im Sonnenschein.

Den hochherrschaftlichen Bahnhof wollte ich schon am Donnerstag malen. Da kam mir der Regen in die Quere. Also mache ich es heute.

Am Bahnhof vermissen wir eine Wegmarkierung. So laufen wir parallel zu den Gleisen Richtung Osten. Der Weg endet aber bald und wir finden uns auf einem Acker wieder. Ich denke, wir hätten über die Straße hinunter zum WERBELLINSEE zur Dampferanlegestelle gemusst und dann am ARTHOUSE vorbei wieder nach oben. Ich erinnere mich an eine Radtour. Direkt auf der anderen Straßenseite führt ein Feld- und Wiesenweg nach ALTHÜTTENDORF.

Genau an dieser Stelle ist die glaziale Serie, die Formung der Landschaft durch die letzte Eiszeit, besonders eindrucksvoll. JOACHIMSTHAL liegt genau auf der Endmoräne zwischen GRIMNITZSEE und WERBELLINSEE, die wirklich nur zwei Kilometer voneinander entfernt sind. Man stelle sich vor, zwischen beiden Seen hat der Wasserspiegel einen Höhenunterschied von sage und schreibe 22 Metern. Der GRIMNITZSEE auf der Grundmoräne ist rund und flach, eben ein typischer Zungenbeckensee, der WERBELLINSEE im Bereich des Sanders ist langgestreckt und tief, hat glasklares Wasser, ein Rinnensee, als Abflussrinne für das Schmelzwasser des Gletschers entstanden. Die Hinterlassenschaften der letzten Eiszeit, die nun auch schon über 12.000 Jahre her ist, werden uns heute noch öfter beschäftigen.

Jetzt beschäftigt uns, wie wir auf diesen Weg gelangen. Wir schlagen uns querfeldein durch, treffen hinter dem Acker auf unseren Weg und können hier auch gleich die Bahn überqueren. Nach dieser Abkürzung erwartet uns auf der anderen Seite Wildnis pur – das Naturschutzgebiet GROSSER LUBOWSEE, der wohl doch eher klein ausfällt. Über der Bruchlandschaft sieht man verschiedene Vögel kreisen.

Dann ist der Bahnhof ALTHÜTTENDORF auch nicht mehr weit. Das alte Backsteingemäuer hat sich jemand liebevoll zum Wohngebäude umgebaut. Wir ziehen weiter zum eigentlichen Dorf, wozu wir die Bundesstraße B 198 überqueren und zunächst in einen Wald eintauchen, in dem sich verschiedene Ferienunterkünfte befinden. Von Ferienlager über Campingplatz bis Seehotel ist alles dabei. Sogar Eis und andere Leckereien kann man kaufen. Mit einem Eis in der Hand nähern wir uns dem Dorf sozusagen von hinten. Ich erkenne ALTHÜTTENDORF fast nicht wieder. Rechterhand hat man in den letzten Jahren ein komplett neues Wohngebiet aus dem Boden gestampft. Unterhalb des Friedhofs direkt am GRIMNITZSEE stehen finkaähnliche Gebäude. Ich fühle mich fast nach MALLORCA versetzt.

Oben auf dem Friedhof ist Gott sei Dank noch alles wie immer. Er befindet sich am höchsten Punkt des Ortes. Mittendrauf thront die dicke fette Eiche, die alles andere ganz klein erscheinen lässt, sogar die großen Findlinge, die der Steinschlägerfamilie Baumann als Grabsteine dienen. Es ist der schönste Friedhof, den ich kenne. Hier muss es doch eine Freude sein, sich das Gras von unten anzugucken und dabei vielleicht einen Blick auf die türkisfarbenen Wellen des GRIMNITZSEES zu erhaschen. Ich male ein schnelles Bild von der Eiche und der Bank drumherum mit Blick über das Dorf, während Bernd den Blick über den See schweifen lässt.

Am Badestrand des Dorfes schwatzen wir mit ein paar Urlaubern, schauen kurz in die Wanderkirche und zu den NORNEN, drei weibliche Göttergestalten aus Metall, Kunstwerke des Eberswalder Metallbildhauers Eckart Herrmann. Ich find, die passen hier gut her.

Natürlich ist Bernd das Werbeschild der Fleischerei Ortlieb auf dem Dorfplatz nicht entgangen. Da müssen wir hin und haben auch gleich Kaffee und Kuchen vor uns zu stehen. Für unser Abendbrot nehmen wir Knackwurst mit, da es in GROSS ZIETHEN nicht so gut aussieht mit der Gastronomie. Die Chefin ist auch gleich beim „Du“. Ines Ortlieb erzählt uns den Werdegang des Familienbetriebes, die selber Tiere aufziehen und selber schlachten. Da weiß man genau, was auf den Teller kommt. Doch nun wird es aber Zeit.

Nochmal an den NORNEN vorbei und über die Autobahn A11 hinweg verlassen wir ALTHÜTTENDORF Richtung IHLOWER BERGE. Heute sind es die blühenden Schlehen, die besonders ins Auge stechen. Apfel- und Birnenblüten wagen sich auch langsam hervor. Dieser Landstrich ist geprägt durch die Hügelketten der Endmoräne. So hat man genau hier in SPERLINGSHERBERGE vor einigen Jahren den Geopark „Eiszeitland am Oderrand“ entwickelt. Ein Erlebnispfad, an dem wir allerdings fast vorbeigelaufen wären, da nicht mit unserem Wanderzeichen markiert, veranschaulicht die

Besonderheiten über die Baumannschen Gruben und freiliegende Blockpackungen, eine Ansammlung von Steinen, an den Abhängen der ehemaligen Steingrube auf Schautafeln. Im Jahre 1869 begann Friedrich Wilhelm Baumann mit dem Schlagen von Steinen in seiner privaten Steingrube. Die Familie Baumann besaß mit sechs Steingruben und einem Schotterwerk am Bahnhof von ALTHÜTTENDORF den größten privaten Steinbruchbetrieb, der nach dem 2. Weltkrieg enteignet wurde.

Nach fast einhundertjährigem Abbau der Blockpackungen der POMMERSCHEN ENDMORÄNE kam der Abbau 1968 schließlich zum Erliegen. Nur im angrenzenden Kieswerk werden noch heute die eiszeitlichen Hinterlassenschaften für wirtschaftliche Zwecke genutzt.

Nördlich dieser steinreichen Gegend befindet sich der Buchenwald GRUMSIN, 2011 zum UNESCO-Weltnaturerbe erklärt. Natürlich darf ein Abstecher dort hinein auf unserem Rundweg nicht fehlen. Es ist nur ein kurzer Schlenker am SCHWARZEN SEE vorbei direkt hinter SPERLINGSHERBERGE, wo nochmal die glaziale Serie sehr anschaulich per Modell und Infotafel erläutert wird. Der Wald zeigt erstes zartes Grün und wieder Teppiche von Buschwindröschen.

Dann ist GROSS ZIETHEN nicht mehr weit. Zunächst kommen wir am Geoparkzentrum vorbei, in einer alten Dampfmühle untergebracht. Davor steht ein lebensgroßes Mammut, das Symbol für den Geopark. Uns weist der Kirchturm des Hugenotten-Dorfes den Weg. Um 17 Uhr betreten wir den Hof des Pfarrhauses der Französisch Reformierten Kirche, seit der Wiederbelebung des JAKOBSWEGES von STETTIN nach BERLIN auch Pilgerherberge. Der Küster Herr Jahnke wartet schon auf uns, zeigt uns unser Zimmer, die Küche mit dem gefüllten Kühlschrank und ist auch gleich wieder weg.

Wir bekommen dann noch eine Sonderführung durch den liebevoll mit Skulpturen und Wurzeln gestalteten Garten von einem befreundeten Künstler, der hier im Hause wohnt und gleich nebenan sein Atelier betreibt. Auch dort dürfen wir die einmalig schönen Lampen von Joachim Brückner bestaunen.

Obwohl wir heute nur eine halbe Etappe gelaufen sind, haben wir es trotzdem auf stolze 20,3 km gebracht. Eigentlich endet die Etappe in Chorin. Das machen wir dann morgen.

Für die Nacht ziehen wir uns alles an, was wir haben. Pfarrerin Müller sagt, sie hat die Heizung abgeschaltet, weil das zu teuer wird.

Mittwoch, den 20.04.2022

Tag 6

GROSS ZIETHEN – CHORIN

11,7 km

So kalt war es am Ende gar nicht. Wir haben nicht gefroren. So nach und nach habe ich nachts alle Kleidungsstücke, nein nur ein paar, von mir geschmissen. Die Herberge hat also den Test für unsere Malfahrt Ende September bestanden. Die Frauen vom Altenhofer Kunstkurs, dem auch ich angehöre, werden sich hier wohlfühlen. Einen Haken hat die Sache jedoch noch. Soeben ruft Frau Müller, die Pfarrerin an und sagt mir, dass sie nun doch ukrainische Einquartierung bekommt, zwei ältere Ehepaare und ein einzelner Mann. Damit sind die drei Zimmer hier oben belegt. Wer weiß, vielleicht ist bis dahin der Krieg zu Ende. Das hoffe ich jedenfalls sehr. Auch neun Monate später ist der Krieg leider noch nicht zu Ende. Unsere Malfahrt nach GROSS ZIETHEN konnte stattfinden. Den Leuten aus der UKRAINE fehlte hier die nötige Infrastruktur.

Heute hoffen wir auf schönes Wetter. Im Moment scheint es sich zuzuziehen. Gegen 9 Uhr verlassen wir das Haus, legen den Schlüssel und einen kleinen Obulus an den vereinbarten Ort. Zwei Wochen später hat Frau Müller die 50 Euro gefunden und sich tausend mal bedankt. Dabei hat man uns gut versorgt. Uns wurden Lebensmittel gebracht – Brot, Quark und Eier. Einiges war auch noch da von irgendwelchen Vorgängern. Kaufen kann man im Ort nichts, auch nicht essen gehen. Überhaupt ist es ruhig im Hugenotten-Dorf, das wir nun gen Süden verlassen.

Fängt das etwa schon wieder an zu tröpfeln? So war das aber nicht vorhergesagt. Die ganze Woche soll es trocken bleiben. Jedenfalls ist es so feucht, dass ich in SENFTENHÜTTE kein Malzeug auspacke. Dabei hat das alte Glashüttendorf ganz hübsche Motive. Neben der Dorfkirche gibt es zahlreiche liebevoll sanierte Häuschen, verziert mit Keramiken des Töpferzirkels.

Ab hier führt unser Weg durch den Wald. Am Forsthaus SENFTENTHAL kann man sich unter ein Dach setzen, der perfekte Standort für ein Päuschen und zum Malen. Danach hört es sogar auf zu regnen, just in dem Moment als der Förster vorfährt. Kaffee gibt es bei ihm nicht, zu essen auch nichts. Im Wald würde genug wachsen, lässt Herr Lorenz, der Revierförster uns wissen.

So richten wir unsere Hoffnungen und unsere Schritte gen CHORIN, kommen zunächst an der KRONENEICHE vorbei beziehungsweise an der Stelle, wo sie mal stand. 2006 trug sie zum letzten Mal Blätter und reihte sich dann in das große Eichensterben in

der SCHORFHEIDE ein. Irgendwann hat ein Sturm sie dann umgeschmissen.

Mich beeindrucken die Berge auf dem letzten Stück durch den Wald, dazwischen eingebettet Moore, wahrscheinlich immernoch Endmoräne. Ich war schon ungezählte Male in CHORIN, auch in SENFTENHÜTTE. Aber diesen Weg bin ich noch nie gegangen. Selbst als Einheimischer kann man immer wieder was Neues entdecken. Die Landschaft um CHORIN ist wirklich einmalig schön und abwechslungsreich.

Plötzlich öffnet sich der Blick. Über feuchte Wiesen hinweg kann ich schon den rot leuchtenden Bahnhof des Klosterdorfes erkennen. Dort gibt es leider auch keinen Kaffee, sonst eine sichere Adresse für heiße und kalte Getränke. So laufen wir weiter durch das Dorf, schicken den Busfahrer weiter, der extra für uns seine Türen öffnet, als wir gerade die Bushaltestelle passieren. Dann schlängeln wir uns durch den nächsten Wald, um zielsicher am Hotel HAUS CHORIN rauszukommen.

Wir dürfen unser Zimmer schon beziehen, halten uns aber gar nicht lange im Hotel auf. Wir wollen ins Kloster, endlich Kaffee trinken. Torte gibt es auch. Inzwischen scheint die Sonne. Ich kann ein zweites Bild malen.

Bernd arbeitet sich in der Zwischenzeit durch diverse Ausstellungen – erst Schinkel, dann Klostergeschichte und die sprechenden Steine. Als ich fertig bin, zeige ich ihm die restlichen Räumlichkeiten, mache quasi eine Führung durch das Infirmarium mit Gemäldeausstellung, Kapitelsaal mit Film zum Leben der Mönche, Brüdersaal und Klosterkirche.

Dann wird es Zeit, sich um ein Abendbrot zu kümmern. Im Restaurant des Hotels werden alle Wünsche erfüllt. Wir entscheiden uns für was Gesundes und essen Zanderfilet.

Später ist Bernd glücklich, dass heute ein Fernseher vorhanden ist. Das Halbfinale im DfB-Pokal steht auf dem Plan zwischen RB LEIPZIG und Union BERLIN.

Donnerstag, den 21.04.2022

Tag 7

CHORIN – ODERBERG

20,6 km

Als wir eingeschlafen sind, führte Union 1:0. Gewonnen hat aber RB LEIPZIG, nämlich 2:1. Die dürfen nun gegen FREIBURG ins Finale ziehen. Da waren sie schon vier Mal, haben aber nie gewonnen. Da wollen wir als Ossis mal den Leipzigern die Daumen drücken.

Vor uns liegen heute 20 Kilometer. Dafür legen wir bei einem köstlichen Frühstück die richtige Grundlage. Wir lassen es uns schmecken unter einem Bild meiner Malerfreundin Catrin Sternberg – ein Fischerboot in Vitte. Sie liebt die Küste. Und ihr gelingt es wirklich gut, die maritime Stimmung mit dem Pinsel einzufangen. Von ihr und Andreas Bogdain, einem ortsansässigen Maler, hängt hier eine Dauerausstellung. Beim Verlassen des Hotels gebe ich dem Chef meine Karte. Vielleicht kann ich ja auch mal wieder eine Ausstellung hier machen. 2011 habe ich hier mal meine CHORIN-Bilder gezeigt, als Herr Lenz noch Direktor war.

Wir umrunden zur Hälfte den AMTSSEE gegen den Uhrzeigersinn, kommen nochmal am Kloster vorbei, dann an der ALTEN KLOSTERSCHÄNKE und biegen in die BRODOWINER PFLASTERSTRASSE, auch DENGLERWEG genannt. Das Katzenbuckelstraßenpflaster ist ein wenig anstrengend für die Füße, aber typisch für die SCHORFHEIDE. Man muss sich sehr auf die Straße konzentrieren und hat kaum einen Blick für die zahlreichen Moore links und rechts des Weges. Doch zum berühmtesten Moor, dem PLAGEFENN, dem ältesten Naturschutzgebiet DEUTSCHLANDS kommen wir gar nicht erst, weil wir am DENGLERSTEIN links abbiegen müssen. Hier im Wald gibt es mehrere solcher Steine, auf denen berühmte Forstwissenschaftler geehrt werden.

Vielleicht will man uns für den Rest des Weges das Straßenpflaster ersparen. Ansonsten begeben wir uns gerade auf einen Umweg. Ich nehme mal an, dass man uns so am Hofladen in BRODOWIN vorbeilotst. Schöner ist der Weg nicht, im Gegenteil. Wir passieren die Försterei TEEROFEN, um hinter dem NETTELGRABEN auf eine schnurgerade eintönige Schotterpiste einzubiegen. Das ist ein Umweg von bestimmt zwei Kilometern, den man sich gut und gerne sparen kann.

Am Ortseingang von BRODOWIN im Ortsteil WEISSENSEE stoßen wir auf die Straße. Obwohl zu empfehlen, betreten wir den Hofladen heute nicht. Unseren Kaffeedurst stillen wir in der Gaststätte SCHWARZER ADLER direkt am Dorfanger. Hier kann ich nebenbei den Kirchturm abmalen. Bernd hält dabei schützend den

Regenschirm über mein Buch, weil es schon wieder anfängt zu tröpfeln. Wir geben bestimmt ein komisches Bild ab.

Wie wir da so sitzen, kommt Frau Kühn vorbeigeradelt, eine Kollegin von mir, die hier um die Ecke wohnt. Sie will in PEHLITZ etwas Milch für ihre Schafe holen. Das eine Lamm schwächelt ein wenig. Es könnte sein, dass es nicht durchkommt. Wir drücken ihr die Daumen. Gebracht hat es nichts, erzählt sie mir in der Schule während der gemeinsamen Hofaufsicht.

Ich staune nicht schlecht, als man uns auf den nächsten Umweg schickt. Da wir den tieferen Sinn zu erfahren hoffen, folgen wir dem Symbol mit dem blauen Baum zunächst in Richtung LIEPE. Am Ende des Dorfes geht es nach links zwischen blühenden Hecken hindurch, ein Naturlehrpfad mit zahlreichen Erklärungen zur Fauna und Flora des Ökodorfes. Man kann es auch life beobachten. Wir sehen zahlreiche Kraniche, Wildgänse ... Unmengen von Schlüsselblumen säumen den Wegesrand. Das ist wirklich schön. Überhaupt ist es hier ein schönes Fleckchen Erde mit den vielen Seen, eingebettet in eine ziemlich hügelige Landschaft.

An der Stelle, wo wir auf den Weg nach ODERBERG einbiegen, hüllen Traktoren uns in eine Staubwolke. Es müsste mal richtig regnen, aber bitte nur nachts oder nächste Woche.

Hinter dem Ortsteil ZAUN mit seinen zwei Häusern betreten wir wieder den Wald. Die kleine Siedlung ist ein Überbleibsel vom großen Wildzaun, der die Wildtiere daran hindern sollte, die kurfürstlichen und königlichen Jagdgebiete nach Norden zu verlassen.

Die Buschwindröschen bilden große weiße Teppiche. Nur der Weg zieht sich. Es gibt kaum eine Möglichkeit, dem Straßenpflaster zu entkommen. Das macht den Füßen sehr zu schaffen. Trotzdem stapfen wir den Berg hinauf und wieder hinunter, öffnen Schweinetore, die unsere Hausschweine vor Afrikanischer Schweinepest schützen sollen, und schließen sie wieder. Der ganze Wald ist regelrecht eingezäunt.

Gegen 16 Uhr erreichen wir den östlichsten Punkt unserer Wanderrunde, das einst florierende Städtchen ODERBERG. Dieser Ort ist landschaftlich sehr schön gelegen am Rande des NIEDERODERBRUCHS. Die ALTE ODER fließt nach wie vor mitten hindurch, genauso wie der ODER-HAVEL-KANAL. Es fahren auch ein paar Schleppkähne und Ausflugsdampfer. Früher gab es hier mehrere Werften, Betriebe und Geschäfte. Auf dem ALBRECHTSBERG thronte eine Burg hoch über dem Fluss. Davon ist leider nichts mehr vorhanden. Inzwischen darf man nicht mal mehr hinauf, da der Hang droht abzurutschen. Seit der Wende bröckeln immer mehr Häuser. Doch es besteht Hoffnung. Viele Berliner entdecken gerade die Schönheit dieses Fleckchens Erde. Durch die Trockenlegung des ODERBRUCHS und die Verlegung der ODER nach Osten durch den Alten Fritz begann der Niedergang. Ich freue mich über jede Initiative, die dem entgegenwirkt.

Bevor wir unsere Pension „Zur Grünen Aue“ aufsuchen und auf die andere Seite der ALTEN ODER wechseln, gibt es noch ein Eis auf die Hand. Das Oderberger Eis ist bekannt über Kreisgrenzen hinweg. Außerdem habe ich seit heute früh nichts gegessen. Gut, das wir in der „Grünen Aue“ auch gleich was zu essen kriegen.

Vorher male ich noch ein Bild vom Balkon unseres Zimmers aus mit Blick auf die Brücke, die im Oktober abgerissen werden soll. Schon jetzt schleichen die Fahrzeuge mit nur 10 km/h über das marode Bauwerk. Auch mein Bild ist nicht perfekt. Was soll´s, ich bewege mich hier heute Abend nicht mehr weg. Meine Füße streiken. Bei dem Gedanken, morgen wieder die gleiche Pflasterstraße hinauflaufen zu müssen, beschließen wir, nach einem anderen Weg zu gucken. Es sollte doch vielleicht auch auf dieser Seite der ALTEN ODER möglich sein. Wir borgen uns bei Frau Urbanek eine Landkarte, da mein Datenvolumen zu 80 % aufgebraucht ist. Kein Wunder, wenn ich jeden Tag die Wanderung aufzeichne. Wir beschließen über BRALITZ durchs ODERBRUCH zu laufen, zumal wir die anderen Wege alle kennen. Allerdings gibt es eine Sache, die ich bei meiner Planung nicht berücksichtigt habe.

Freitag, den 22.04.2022

Tag 8

ODERBERG – LIEPE

12,4 km

In der „Grünen Aue“ gibt es kein Frühstück, im Moment jedenfalls nicht. Frau Urbanek begründet es mit akutem Personalmangel. Man könnte den Berg hoch zum NETTO laufen und in der Bäckereifiliale Frühstück essen. Das ist uns dann doch zu weit. Wir machen Resteessen und kochen uns Kaffee auf dem Flur. Da steht so eine Maschine für Kaffeepads. Das würden die Bauarbeiter, die hier untergebracht sind, auch immer so machen. Allerdings haben wir beide keine Ahnung, wie so ein Ding funktioniert. Es gelingt trotzdem beim ersten Versuch.

Ich will in ODERBERG noch ein Bild malen. Es ist zwar recht frisch, aber später soll es vielleicht wieder regnen. Also ziehe ich mich dick an und suche mir eine Bank am BOLLWERK. Dort wird gerade ein Dampfer zum Ablegen bereit gemacht. Der Kapitän ist ein Bekannter von früher. Sein Vater war mal Kneiper in ALTENHOF und hat nach der Wende mit einem Dampfer auf dem WERBELLINSEE begonnen. Nun höre ich, dass er vor zwei Jahren gestorben ist. Als das Schiff ablegt und nochmal laut hupt zum Abschied, kommt Bernd um die Ecke. Er erwischt gerade noch das Hinterteil des Schiffes zum Fotografieren.

Ich bin dann auch bald fertig und zufriedener als mit dem Bild von gestern. Jedenfalls ist ODERBERG immer wieder eine Malreise wert.

Gegen 10 Uhr verlassen wir dann endgültig die Pension und schlagen uns durch zum BÄRENKASTEN, die Reste einer alten Burg aus der Zeit von Albrecht dem Bären. Ursprünglich stand die Festung auf einer Flussinsel in der ODER vor der Stadt. Nach Regulierung der ODER verlandete die Insel. Heute findet man die Reste inmitten einer Kleingartenanlage.

Der BÄRENKASTEN wurde ab 1353 errichtet, nachdem die Burg oben auf dem Berg zerstört worden war. Im Schutze der Burg erlebte die Stadt bis zum Dreißigjährigen Krieg ihren größten wirtschaftlichen Aufschwung.

Leider gibt es keinen Weg an der ALTEN ODER entlang, wie ich es mir schon dachte. Wir wollen nun tatsächlich durch das ODERBRUCH laufen, auf uns unbekannten Wegen wandeln, obwohl ich mit dem Auto schon öfter hier war, früher zum Ballonverfolgen oder vor Kurzem mit meiner Freundin Anke zum Schneeglöckchen ausbuddeln. Das war hier irgendwo am Ortsausgang von ODERBERG. Ich finde die Stelle gar nicht wieder.

Nun gibt es doch einen Weg rechts ab, aber nur ein kurzes Stück Allee mit seltsam geformten Bäumen. Eine mobile Friseuse schickt uns wieder zur Straße.

Wir laufen direkt auf den Bahnhof ODERBERG – BRALITZ zu. An dieses Gebäude erinnere ich mich. Hier ist der Ballon mal auf den Gleisen gelandet. Schon damals fuhr hier kein Zug mehr. Der Bahnhof wurde 1997 stillgelegt. Inzwischen sind auch die Gleise weg. Dafür gibt es einen Fahrrad-Verleih nebst Werkstatt. Rein äußerlich ist zu erkennen, ab und zu sind hier kreative Köpfe tätig. Vor dem Haus steht ein dreibeiniger Wolf aus Schrott. Auch sonst liegt noch viel Material zum Verschrauben und Verschweißen herum. Der Chef des Hauses ist Ralf. Er erzählt mir von einer Künstlergruppe aus HANNOVER, die jeden Sommer zum Aktmalen hierherkommt. Da könnte man sich ja mal einklinken.

Was unseren weiteren Weg betrifft, rät uns Ralf, den Trampelpfad auf der ehemaligen Gleisanlage bis nach BRALITZ zu nutzen. Es soll dort auch einen Lebensmittelladen nebst Fleischerei im ehemaligen Fischerdorf geben. Vom Feinsten, kann ich nur sagen. Dort gibt es Bockwurst, Knacker und einen richtigen Kaffee, für mich dann sogar noch einen Becher Eiersalat.

So gestärkt schreiten wir über den alten Dorfanger, wo auch niedliche Ferienwohnungen angeboten werden. Weiter geht es hinunter in das ODERBRUCH. Wir überqueren endlich die ALTE ODER, kommen an Spargelbeeten vorbei bei jetzt kräftigem Wind und ein paar Regentropfen.

Als wir nochmal einen Blick zurück auf das jetzige Bauerndorf mit dem weithin sichtbaren 51 Meter hohen Kirchturm werfen, kommt ein Radfahrer von hinten, der uns erzählt, die Brücke vor LIEPE wird gerade abgerissen. Da käme keiner mehr rüber. Wir gucken uns fragend an und wollen wissen, ob die Brücke noch da ist. Das weiß er nicht. Aber er hätte schon Maschinen rollen sehen. Jetzt, wo er es sagt, kann ich mich dunkel erinnern, dass sowas vor ewigen Zeiten mal in der Zeitung stand.

Wir lassen es darauf ankommen. Wenn wir Pech haben, müssen wir einen Umweg über die LIEPER SCHLEUSE nach NIEDERFINOW machen. So laufen wir Daumen drückend weiter, erreichen bald das LIEPER SCHÖPFWERK. Kurz dahinter kommen uns Bagger entgegen. Nach nochmal vielleicht zwei Kilometerchen sehen wir dann die Brücke, im Volksmund MILLIONENBRÜCKE genannt.

Sie steht noch. Aber es wurde bereits Baufreiheit bzw. Abrissfreiheit geschaffen und Zäune versperren uns den Weg, also nicht nur Schilder, sondern mehrere Reihen Zäune, gesichert wie eine Festung.

Nun ist guter Rat teuer. Den ersten Zaun können wir leicht umwandern. Dann weist ein fettes Verbotsschild darauf hin, dass es selbst Fußgängern verboten ist, die Brücke zu betreten. Ob die uns noch trägt mit unseren 10 Kilogramm Übergewicht in Form von Rucksäcken? Wir gehen es an, weil wir keinen Bock auf Umweg haben. Das Tagesziel, der LANDHOF LIEPE, liegt genau vor uns oder, besser gesagt, über uns, zum Greifen nahe. Übrigens müssen wir dahin, weil ich in NIEDERFINOW kein Zimmer bekommen habe.

Etwas mulmig ist mir dann doch da oben über dem ODER-HAVEL-KANAL. Ich stelle mir vor, wie das Ding unter uns zusammenbricht. Das könnte nicht nur kalt, sondern auch schmerzhaft werden. Und es würde in der Zeitung stehen, wie peinlich. Von hier hat man jedenfalls den besten Blick auf die beiden Schiffshebewerke, das alte und das neue.

Der nächste Zaun am Ende der Brücke ist schon schwieriger zu überwinden. Dazu müssen wir über das Brückengeländer und um den Zaun herumklettern. Die Rucksäcke nehmen wir doch besser ab bei diesen artistischen Einlagen. Gut, dass niemand hier die zwei alten Affen beobachtet hat. Also nee, wir sind aber auch unmöglich, erst das Ding mit dem Bahnübergang und jetzt das hier.

Wir sind zwar über die Brücke rüber, aber wir befinden uns noch immer auf der Baustelle, alles verriegelt und verrammelt. Ein paar Container und Autos mit tschechischen Kennzeichen stehen da. Kein Mensch ist zu sehen, wahrscheinlich alle schon im Wochenende. Bernd findet eine Stelle, die nicht verschraubt ist, und hebt den Zaun aus dem Fundament.

Uff, das spart ein paar Kilometer. Wir steigen einfach den Berg hinauf zum LANDHOF, wo unser Bett steht, und checken ein. Wir haben ein Zimmer in dem Haus am Hang, früher mal die Dorfschule, mit Blick gen Westen. Wir sehen also auch von hier die Hebewerke.

Inzwischen ist auch das Wetter wieder besser, was mich veranlasst, noch ein Bild zu malen. Ich wähle eines der typischen Fachwerkhäuser direkt im Zentrum und an der Hauptstraße, die sich kilometerlang an den Höhen der CHORINER ENDMORÄNE entlangschlängelt. Quasi zwischen ODERBRUCH und Bergen eingeklemmt, denkt man, man befindet sich in einem Bergdorf. Bernd erkundet wie immer die Gegend und entdeckt unter anderem einen Soldatenfriedhof mit Gräbern von unbekannten Soldaten, die noch im April 1945 ihr Leben lassen mussten.

Dann wenden wir uns wieder dem LANDHOF zu und lassen uns im betriebseigenen Restaurant ein Schnitzel und eine Gänsekeule schmecken. Das passt zwar nicht so ganz in die Jahreszeit. Aber mir ist gerade so.

Samstag, den 23.04.2022

Tag 9

LIEPE – BRITZ

20,4 km

Frühmorgens studiere ich nochmal die Karte, weil ich weder Bauzäune überwinden, noch Straße laufen will. Und siehe da, das müssen wir auch gar nicht. Parallel zur Straße gibt es noch den Wiesenweg auf dieser Seite des Wassers. Auf dem gelangen wir bis zu den GRENZHÄUSERN von NIEDERFINOW ständig die Schiffshebewerke vor Augen, die vor uns regelrecht in die Höhe wachsen, mit jedem Schritt ein wenig mehr. Bis sie sich über uns auftürmen, denn die Straße, deren Bürgersteig wir jetzt benutzen, führt genau darunter hindurch, erst durch das neue, das noch nicht in Betrieb ist, dann durch das alte.

Der Fahrstuhl für Schiffe wird gerade herabgelassen, voll beladen. Ein dickes Schubschiff aus BERLIN füllt den Trog voll und ganz aus.

Von der Dampferanlegestelle hat man beide Hebewerke gut im Blick, der perfekte Platz für mich zum Malen. Bernd kann in der Zwischenzeit die Anlage besichtigen. Ich war da schon gefühlte tausend mal oben. Dummerweise darf man im Moment nur mit Führung hoch, ein Überbleibsel von Corona, so dass sein Ausflug etwas länger dauert. Dafür wurden ihm Dinge gezeigt, die selbst ich noch nicht gesehen habe, zum Beispiel ein Einschussloch einer deutschen Granate aus dem zweiten Weltkrieg. Er lässt mich wissen, inzwischen werden auch erweiterte Führungen angeboten, wo man in ansonsten gesperrte Bereiche vordringt. Das wäre ja mal was für die Familie. Mit meinem Bild bin ich heute lange fertig.

Wir müssen uns jetzt sputen, sonst kommen wir nie in EBERSWALDE an. Über die LIEPER SCHLEUSE, hier gleich um die Ecke, betreten wir wieder das ODERBRUCH, um nicht die ganze lange und stark befahrene Straße durch das Hebewerksdorf absolvieren zu müssen, laufen wir auf dieser Seite des FINOWKANALS bis an die Kreuzung mit der Klappbrücke.

Auf dem Deich finde ich ein Gänseei, einfach so ohne Nest. Oder ein Schwanenei? Es ist auch kein Vogel weit und breit zu sehen. Egal wie, es ist ein denkbar schlechter Brutplatz. Ob da ein Küken drin ist? Ich beschließe, das Ei vorsichtig nach Hause zu transportieren. Wenn ich es nicht nehme, holt es der Fuchs. Ich möchte es in sorbischer Wachsreservetechnik verzieren. Auf solche Ideen kann man auch nur in der Osterzeit kommen. Der Gedanke beflügelt mich auf den nächsten Kilometern. Hier so unmittelbar am Kanal hören wir die Frösche quaken und springen. „Platsch“ macht es immer wieder. Aber es ist keiner zu sehen. Dafür türmen sich am anderen Ufer wieder die Hebewerke auf.

Im Zentrum von NIEDERFINOW möchte ich noch ein Bild malen. Es ist aber auch wirklich schön heute. Die Zugbrücke soll es sein, lege ich kurzentschlossen fest. Ein Techniker steht dort in dem kleinen Häuschen. Irgendwas passiert da gerade. Bevor sich ein Schiff nähert und die Brücke geöffnet wird, huschen wir schnell hinüber.

An einem Gartenzaun direkt am Kanal steht eine Bank, wie für uns dahingestellt, mit perfektem Blick auf die Brücke. Nach der zügigen Passage des schmucken Dampfers ist der Spuk auch schnell vorbei. Mittägliche Ruhe kehrt ein. Es ist nicht viel los an diesem schönen Tag. Der Brückenmeister geht wieder nach Hause und wartet wahrscheinlich ewig auf seinen nächsten Einsatz. Auf dieser Banke könnte man glatt sitzen bleiben und die Frühlingssonne genießen. Bernd nimmt das Angebot an und ich male die Brücke in geschlossenem Zustand.

Es ist fast 13 Uhr, als wir das größte Stück des heutigen Weges in Angriff nehmen. Normalerweise müssten wir jetzt wieder hinüber an das andere Ufer und gen Bahnhof laufen. Wir haben beschlossen, aus Zeitgründen ab hier wieder mal eine andere Route zu wählen. HOHENFINOW ist zwar sehr schön und alles, was da sonst noch kommt. Das machen wir mal extra, versprochen. Ich kann verraten, das ist inzwischen auch passiert, hat aber zwei Anläufe gebraucht.

Wir bleiben jetzt am FINOWKANAL, können noch ein paar Meter am Ufer entlanglaufen, müssen dann aber auf die FINOWSTRASSE wechseln, die uns zum Ortsteil STECHERSCHLEUSE führt, wo Bekannte von uns wohnen. Wie der Zufall es will, können wir sogar ein kurzes Schwätzchen halten und den Spezialisten in Sachen Holz von seiner Arbeit abhalten.

Kurz vor dem Forsthaus KALENBERG am RANDE des Waldes sitzen die nächsten Bekannten, mit denen wir ein paar Worte wechseln. An diesem Samstag scheint es alle in die Natur hinauszulocken. Auf dem TREIDELWEG, der uns nun wieder ans Wasser bringt, sind auch etliche Radfahrer unterwegs, so dass wir nun zügigen Schrittes hintereinanderhertraben. Und der Asphalt macht langsam die Füße müde, nicht gut zum Wandern.

Deshalb verlassen wir in MACHERSLUST den TREIDELWEG, um uns auf kürzestem Wege nach BRITZ durchzuschlagen, wo das Auto hoffentlich noch am Bahnhof steht. An der LANDESKLINIK vorbei, direkt an der mit Stacheldraht gekrönten Mauer der Strafvollzugsanstalt für psychisch kranke Schwerverbrecher, durch den Stadtteil NORDEND können wir ein ganzes Stück Weg sparen. Hier in NORDEND steht auch meine Schule, wo ich Montag wieder zum Dienst erscheinen muss, um die letzte Etappe meines Arbeitslebens in Angriff zu nehmen.

Noch ein letztes Mal überqueren wir den ODER-HAVEL-KANAL. Kurz nach 18 Uhr erreichen wir heute mit heftig brennenden Füßen und auch sonst ziemlich fertig den Bahnhof von BRITZ. Das Auto steht noch genauso da, wie wir es vor fünf Tagen abgestellt haben. So schließt sich hier der Kreis.

Neun wundervolle Wandertage liegen hinter uns. Wir haben die Osterferien sinnvoll mit Erlebnissen gefüllt. Ich fühle mich, als wäre ich wochenlang nicht in der Schule gewesen, soviel haben wir erlebt auf den insgesamt 159 Kilometern.

Es hat sich wiedermal gezeigt, dass wir in einer wunderschönen, abwechselungsreichen und geschichtsträchtigen Landschaft leben, in der es sogar für Einheimische immer wieder was zu entdecken gibt.

Die SCHORFHEIDE hat eben für jeden Geschmack etwas zu bieten – viel Wasser, zahlreiche Kanäle, glasklare Seen, Moore, Hügel, manchmal wie im Gebirge, Steine und Sand, Wälder und Wiesen – eine von der Eiszeit geprägte Landschaft, die schon der alte Adel zu schätzen wusste und von Zisterziensermönchen urbar gemacht wurde.

Nachtrag

Samstag, den 21.05.2022

Tag 10

NIEDERFINOW – EBERSWALDE

18,2 km

Es ist schon der zweite Anlauf, als wir uns am Samstag Vormittag nach Peilung der Wetterlage dazu entschließen, das Ding zu Ende zu bringen. Der erste Versuch war auch so ein spontan geplanter Rundweg am 1. Mai, den wir wegen Donnergrollen abgebrochen haben. Gut, dass wir das Auto in NIEDERFINOW zu stehen hatten. Wenigstens konnten wir uns an der Blütenpracht im Gutspark in HOHENFINOW ergötzen. Da blühten die Apfelbäume. Die Wiesen waren gelb vom Löwenzahn. Eigentlich war das alles gar nicht mehr steigerungsfähig. Da betrat eine Frau mit einem noch recht wilden weißen Pferd die Szene. Ich fühlte mich wie im Märchen. Eigentlich fehlte nur noch das Horn auf der Stirn des Schimmels. Ein plötzlich aufziehendes Gewitter riss mich dann aus meinem Traum und ließ uns den Berg wieder hinunter nach NIEDERFINOW eilen.

Bernd hatte wie immer die beste Idee. „Lass uns mit dem Zug nach NIEDERFINOW fahren und dann nach EBERSWALDE laufen und zwar genauso, wie es im Plan steht." Gesagt, getan. Um 11.21 Uhr sitzen wir im Triebwagen Richtung WRIEZEN und fallen gut zehn Minuten später in die Brauerei in NIEDERFINOW, die uns mit offenen Türen gleich hinter dem Bahnsteig erwartet. Bierdurst haben wir jetzt nicht. Wir sind ja noch gar nicht gelaufen. Also stecken wir zwei Flaschen in den Rucksack, der heute etwas kleiner ausfällt. Bei den ersten Schritten den MÜHLENWEG hinauf denke ich, irgendwas fehlt. Klar, ich habe den Fotoapparat vergessen, der mir sonst am Hals baumelt. Nicht so tragisch, das Handy tut es auch mal. Oder ich borge mir Bernds dicke Kamera. Mir gibt er sie ganz gerne.

Nach wenigen Metern passieren wir die Wassermühle HOHENFINOW, in der einst Getreide gemahlen wurde. Heute kann man sich hier im Gästehaus einmieten und das idyllische Tal genießen. Man freut sich über Besuch, ist auf der Internetseite zu lesen.

Wir steigen weiter hinauf. Alles, was vor drei Wochen als leuchtend gelbe Butterblume erstrahlte, hat sich zur Pusteblume verwandelt. Wir laufen durch ein ganzes Meer davon. Auch das Rapsfeld am Wegesrand hat seine gelbe Pracht verloren, genauso der Gutspark. Dafür ist der große Teich heute voller Leben. Angelockt durch ein betörendes Gequake zieht es uns regelrecht dorthin. Hunderte von Fröschen springen und planschen, wühlen das Wasser regelrecht auf und blasen die Backen auf. Die möchte ich nicht vor meinem Schlafzimmerfenster haben. Wir sind fasziniert von diesem Naturschauspiel und versuchen, das Ganze aufs Foto zu bannen.

Da Bernd keine Anstalten macht, sich vom Teich zu lösen, gehe ich schon mal vor über den großen Gutshof, den Dorfanger mit seinen prächtigen uralten Bäumen und hin zur Kirche. Natürlich will ich genau dort auch heute ein Bild malen.

Den Abstecher zum LIEBENSTEIN vorbei an der Straußenfarm lassen wir heute aus. Da waren wir schon am 1. Mai. Sollte man aber unbedingt machen, der Blick von der Höhe über das ODERBRUCH ist gigantisch und Bänke laden zum Verweilen ein. Manchmal hat sogar der Hofladen der Straußenfarm geöffnet.

So stehe ich nun an der Kirche von HOHENFINOW. Man sieht dem Gemäuer aus der Mitte des 13. Jahrhunderts heute noch an, dass es mal was ganz Besonderes war, nämlich eine dreischiffige Basilika mit Querhaus, wie es eigentlich nur in Städten üblich war. Nachdem im dreißigjährigen Krieg einiges abgebrochen wurde, erstrahlt das Bauwerk seit ein paar Jahren in neuem Glanz. Jedes Mal, wenn ich hier vorbeifahre, erfreue ich mich an dem Gotteshaus mit den massiven Feldsteinmauern und dem verputzten Turmaufsatz. Genau dieser Kontrast soll heute mein Motiv sein.

Um die perfekte Perspektive und den nötigen Abstand zum Objekt zu haben, begebe ich mich auf das private Grundstück der Familie Neumann. Außerdem gibt es dort eine Treppenstufe für mich zum Sitzen. Ich frage gar nicht erst um Erlaubnis, man möge mir im Nachhinein verzeihen. Vielleicht sind es ja ältere Leute, die gerade Mittagsschlaf machen.

Wie ich gerade so grob das Zeichnerische aufs Papier gebannt habe, fallen die ersten Tropfen. Ich ziehe mich mit meinen sieben Sachen unter das Vordach zurück und mache mit dem Tuschkasten weiter. Spaß macht das nicht. Es wird eine sehr feuchte Angelegenheit. Mein Buch wird nass. Ich gebe auf und setze mich zu Bernd in die Bushaltestelle.

Regen stand nicht auf unserem Plan. Wir haben nicht mal Regencapes dabei. So schauen wir ein wenig bedröppelt auf die Stelen neben der Haltestelle, die dem größten Sohn des Dorfes gewidmet sind – Theobald Theodor Friedrich Alfred von Bethmann Hollweg (1856 – 1921). Der Politiker, der von 1909 – 1917 Reichskanzler war, wurde hier geboren und ist auch hier gestorben.

Die Grabkapelle besuchen wir nicht, obwohl es geplant war, sondern eilen flugs die GERSDORFER STRASSE entlang, als es wieder etwas trockener ist. Alles kann man nicht haben. Ein paar Motorräder rauschen an uns vorbei. An der nächsten Kurve, an der bombastischen gerade blühenden Kastanie, flutschen wir in einen ruhigen Feldweg, eingerahmt von dicken Hecken. Über die Felder sieht man ab und zu den Fachwerkturm der Kirche von TORNOW durchblitzen. Doch erst steht uns noch ein Stück Wald bevor.

In der Hoffnung, in TORNOW einen Kaffee zu bekommen, dringen wir in das Zentrum des Dorfes vor. Die hübsche Kirche ist verschlossen, die Dorfgaststätte Geschichte. Eine Frau, die auf dem Friedhof ihre Gießkannen füllt, klärt uns auf: „Nee, so wat gibs hier nich." Und weg isse. Da es gerade wieder leicht tröpfelt, setzen wir uns auf den Kinderspielplatz gleich nebenan unter ein schützendes Dach und packen unseren mitgebrachten selbstgebackenen Kuchen aus. Wir trinken Wasser dazu.

Wir verlassen das Dorf über den ZICKENBERG wieder Richtung Wald und sind überrascht, was es hier für Feuchtbiotope gibt. Deshalb führt der Weg also hier entlang.

Als wir uns SOMMERFELDE nähern, schickt man uns im spitzen Winkel auch gleich wieder weg. Ich frage mich im ersten Moment, warum man das so macht. Aber wenn da sowieso die Bürgersteige hochgeklappt sind, muss man die Gäste auch nicht hineinbitten. Ich finde das schade. Dummerweise fängt es nun an, richtig zu regnen. Mein kleiner Regenschirm erweist sich als ungeeignet zum Wandern. Bernd ist dem Regen schutzlos ausgeliefert. Dabei hat er schon einen mächtigen Husten von seiner MOSEL-Wanderung mitgebracht. Unter meinen Schirm will er nicht. Seine Jacke ist nicht wasserdicht.

So laufen wir kreuz und quer durch den tropfenden Wald, bis wir an der Straße nach TRAMPE unweit des Landesbehördenzentrums wieder auf Leben treffen. Wir gewähren ein paar Autos die Vorfahrt, um gleich wieder in den Wald einzutauchen.

Inzwischen scheint wieder die Sonne. Das frische Grün ist noch immer tropfnass. Wir passieren einen gut besuchten Sportplatz. Hier muss gerade ein sportliches Event stattgefunden haben. Man ist schon zum Bier übergegangen. Wir sind in der BERNAUER HEERSTRASSE. Ab hier kenne ich mich wieder aus. In einem der Blöcke war ich mal zum Elternbesuch.

Kurz danach geht es nochmal ein Stück durch den Wald, am Heldenhain für die Gefallenen der beiden Weltkriege vorbei gelangen wir zum DRACHENKOPF. Von hier oben hat man die beste Aussicht auf die Waldstadt EBERSWALDE. Wir werfen einen kurzen Blick hinunter und steigen über die GOETHETREPPE unseren Blicken hinterher ins Zentrum.

Ob die Touristinfo noch offen hat? Da könnte man ja gleich eine Abstimmungskarte ausfüllen. Natürlich kommen wir nicht einfach so an der Eisdiele auf dem MARKTPLATZ vorbei. Die Info hat wie befürchtet schon zu. Aber man kann ja auch im Netz abstimmen. Ich werde dem Wanderweg „Rund um die SCHORFHEIDE“ meine Stimme geben. Und natürlich kann ich nun mit gutem Gewissen dafür Werbung machen.

Nachwort

Unsere Region ist um eine Attraktion reicher geworden. Am Ende hat der Wanderweg „Rund um die Schorfheide“ bei der Abstimmung zum schönsten Wanderweg Deutschlands 2022 den 3. Platz belegt. Vielleicht konnte ich durch meine Serie in der Märkischen Oderzeitung ein klein wenig dazu beitragen. Das würde mich freuen. Nun müssen nur noch die Wanderer kommen und diesen Weg mit Leben erfüllen. Ich bin mir sicher, der Drittplatzierte wird viele Freunde finden.

Die Route wurde so gewählt, dass sie durch die schönsten Landstriche des Barnims führt, beginnend in der Kreis- und Waldstadt Eberswalde. Die Hinterlassenschaften der letzten Eiszeit werden in ihrer ganzen Bandbreite durchschritten. Vom Eberswalder Urstromtal nach Süden geht es durch das Nonnenfließ bis hin zum Biesenthaler Becken und nun nach Nord West durch das Finowtal. Zahlreiche Kanäle ziehen sich durch das Land. Wir lernen die älteste künstliche Wasserstraße Deutschlands kennen, den Finowkanal mit seinen Schleusen und den modernen ODER-HAVEL-KANAL mit seinen gigantischen Schiffshebewerken. Wobei das soeben eröffnete Bauwerk den Betrieb gleich wieder einstellen musste, weil die moderne Technik doch weitaus anfälliger ist durch den Einsatz von Elektronik.

Am Werbellinkanal entlang, der den Werbellinsee mit den großen Schifffahrtswegen verbindet, nähern wir uns der eigentlichen Schorfheide, dem großen Jagdgebiet der ehemals Herrschenden, von den Askanierfürsten bis hin zur DDR-Führung.

Wir passieren zwei der schönsten Seen Brandenburgs überhaupt, den Werbellin- und den Grimnitzsee. Und schon sind wir am nördlichsten Punkt des Weges angekommen, in Joachimsthal, das sich zwischen diesen beiden Seen auf der Endmoräne befindet. Auf dieser Hügelkette wandern wir weiter gen Osten, an den ehemaligen Baumannschen Steingruben vorbei und dem Buchenwald Grumsiner Forst, nach Groß-Ziethen. Weiter geht es durch das Glasmacherdorf Senftenhütte nach Chorin, bekannt durch seine berühmte Klosterruine, ein Paradebeispiel für norddeutsche Backsteingotik.

Durch den Choriner Wald über alte Schorfheider Pflasterstraßen gelangt man nach Brodowin, wo ökologischer Landbau in großem Stil betrieben wird. Intakte Feldflur, eingebettet in eine sanfte Hügellandschaft, begleitet uns gen Osten. Über die bewaldete Endmoräne geht es wieder hinunter ins Urstromtal nach Oderberg, den östlichsten Punkt.

Ab Oderberg hätten wir eigentlich den Berg wieder hinauf gemusst, um nach Liepe zu kommen. Wir haben uns an dieser Stelle für die Variante durch das Oderbruch mit Bärenkasten und altem Bahnhof Oderberg - Bralitz entschieden. Ist aber nur zu empfehlen nach Fertigstellung der Brücke in Liepe. Den Abschluss bilden Niederfinow, das Hebewerksdorf, und Hohenfinow, wie der Name verrät, wieder auf der Höhe gelegen mit wunderschönen Blicken ins Oderbruch. Am Rande der Barnimer Heide, vorbei an Tornow und Sommerfelde treten wir den Rückweg nach Eberswalde an.

Inzwischen konnten auch fehlende Passagen absolviert werden. Kurz vor Joachimsthal die Runde um den Schulsee haben wir am zweiten Weihnachtsfeiertag in Angriff genommen und für gut befunden.

Man kann die Runde kreativ gestalten, so wie wir teilweise gezwungenermaßen, oder sich an die Vorgaben halten. Dabei wäre hilfreich, wenn sich noch mehr Vermieter an der Strecke bereit erklären würden, müde Wanderer auch für eine Nacht aufzunehmen.

Die Strecke wurde absolviert von BERND HEMPEL (69) aus Briesen und STEPHANIE TURZER (65) aus der Gemeinde SCHORFHEIDE, auch bekannt als Malerin vom Jakobsweg.